Mobile Payment in Deutschland. Eine Alternative zur Bargeldzahlung?

Frederic Moog

Bibliografische Information der Deutschen Nationalbibliothek:

Die Deutsche Nationalbibliothek verzeichnet diese Publikation in der Deutschen Nationalbibliografie; detaillierte bibliografische Daten sind im Internet über http://dnb.d-nb.de abrufbar.

ISBN: 9783346519290
Dieses Buch ist auch als E-Book erhältlich.

© GRIN Publishing GmbH
Nymphenburger Straße 86
80636 München

Druck und Bindung: Books on Demand GmbH, Norderstedt Germany
Gedruckt auf säurefreiem Papier aus verantwortungsvollen Quellen

Das Buch bei GRIN: https://www.grin.com/document/1142402

Mobile Payment in Deutschland

Seminararbeit
im Rahmen des Seminars Betriebswirtschaftslehre

Wintersemester 20/21

vorgelegt von: Frederic Moog

Studiengang: Wirtschaftsinformatik (B.Sc.)

Abgabetermin: 2020-12-05

Inhaltsverzeichnis

Abkürzungsverzeichnis III

1 Einleitung 1

2 Definition von Mobile Payment 2

3 Technische Voraussetzungen 4

    3.1 Near Field Communication 4

    3.2 Quick Response Code 4

    3.3 Bluetooth Low Energy 5

    3.4 Short Message Service 5

4 Sicherheiten für Nutzer 6

    4.1 Allgemeine Sicherheitsaspekte 6

    4.2 Sicherheiten des Zahlungssenders 7

    4.3 Sicherheiten des Zahlungsempfängers 8

5 Akzeptanz von Mobile Payment 9

    5.1 Wandel in Deutschland 9

    5.2 Vergleich zu Schweden 10

6 Fazit 11

Literaturverzeichnis 12

Abkürzungsverzeichnis

NFC	Near Field Communication
SMS	Short Message Service
BLE	Bluetooth low Energy
QR-Code	Quick Response Code
M-Commerce	Mobile Commerce
E-Commerce	Electronic Commerce

1 Einleitung

„Mobile Payment wird kommen – soweit sind sich die meisten Analysten einig. Die Frage ist nur wann und wie. Und warum das Ganze so lange dauert – schließlich geistert das Thema bereits seit einigen Jahren umher, ohne dass sich nennenswerte Erfolge einstellen."[1]

Die Welt wird zunehmend digitaler, ob es sich nun um die Prozesse der Industrie oder den Alltag der Menschen handelt.[2]

Die Umsätze auf dem Zahlungsmarkt steigen seit Jahren, innerhalb der letzten zehn Jahre haben sich diese nahezu verdoppelt. In Deutschland legt man nach wie vor Wert auf die Bezahlung mit Bargeld. Die Nutzung von Bargeld hat allerdings einen entscheidenden Nachteil, denn das Bargeld wechselt auf Grund von Zirkulation häufig den Besitzer und geht somit durch viele Hände. Die Deutsche Bundesbank sortiert verschmutzte oder beschädigte Scheine zwar aus, kann aber nicht verhindern, dass sich auf dem Bargeld welches sich im Umlauf befindet, Keime festsetzen. Gerade jetzt in der vorherrschenden Corona-Pandemie, werden die Menschen hellhörig, wenn es um Aspekte der Hygiene geht. Selbst Händler fordern die Kunden in der aktuellen Pandemielage vermehrt zu kontaktloser Bezahlung auf. Während der Konfrontation mit COVID-19 wurden viele Missstände beziehungsweise Verbesserungspotenzial, vor allem im Bereich der Digitalisierung, aufgedeckt. Man kann behaupten, dass den Menschen durch die Pandemie die Digitalisierung quasi aufgezwungen wurde. Was aber, wenn man komplett auf das Bezahlen mit Bargeld verzichten könnte und stattdessen das Mobiltelefon oder gar die Smartwatch benutzt, um so völlig kontaktlos zu bezahlen? Diese bisher nicht sehr häufig verwendete Art des Bezahlens wird als „Mobile Payment" bezeichnet. Konkret also die Zahlung mit einem mobilen Endgerät. Das Mobiltelefon ist schon seit Jahren ständiger Begleiter eines Großteils der Bevölkerung. Es wird genutzt für den E-Mailverkehr, die Nutzung von Social Media, das Lesen von Nachrichten oder aber für die Verwaltung der Finanzen. Trotz der Verbreitung der Mobiltelefone bei den Menschen bleibt die Akzeptanz von Mobile Payment eher zurückhaltend.[3]

In meiner Arbeit werde ich mich mit der Fragestellung befassen, ob Mobile Payment eine Alternative für die Bargeldzahlung in Deutschland ist.

Das Ziel meiner Ausführung ist es, über die Voraussetzungen, die für Mobile Payment benötigt werden, sowie über die Sicherheit und Akzeptanz von M-Payment in Deutschland zu informieren.

---

[1] Linnhoff-Popien et al. (2015), S. 380.
[2] Vgl. Gläß/Leukert (2017), S. 3.
[3] Vgl. Winnefeld/Michels (2020), S. 144.

2   Definition von Mobile Payment

Bei dem Begriff „Mobile Payment", verkürzt auch „M-Payment" genannt, handelt es sich nach der Auffassung von Joachim Henkel verallgemeinert um ein Zahlungsverfahren, welches mit der zwingend erforderlichen Zuhilfenahme eines mobilen Endgerätes, beziehungsweise einem Mobiltelefon durchgeführt wird. Unter bestimmten Voraussetzungen, die im Verlauf der Arbeit näher erläutert werden, ist dieses Endgerät in der Lage, Zahlungen im Bereich von E-Commerce (Online-Shops / Online-Marktplätze), M-Commerce (Teilbereich von E-Commerce - Nutzung von mobilen internetfähigen Geräten zum Durchführen von elektronischen Geschäftsabschlüssen), als auch „offline" an Kartenterminals vorzunehmen. Ein zentrales Element des Mobile Payments ist, dass der Vorgang der Zahlung durch den Nutzer autorisiert und gegebenenfalls im M-Commerce angestoßen werden muss. Durch diesen Zahlprozess entsteht für Hersteller von Mobiltelefonen sowie Mobilfunkbetreiber die Möglichkeit in den Markt der Zahlungsdienstleister einzusteigen und so mit etablierten Finanzdienstleistern in Konkurrenz zu treten. Da Netzbetreiber, Banken und Kreditkartenunternehmen bei dem Thema Mobile Payments mitmischen wollen, kann man in diesem Bereich zahlreiche Aktivitäten wahrnehmen. Zahlreiche Initiativen und Allianzen verfolgen unterschiedlichste Lösungen zur Realisierung von M-Payment.[4]

Differenzieren kann man dies noch weiter, indem man die Zahlungen mit einer räumlichen Distanz betrachtet. Daraus entstehen die Betrachtungswinkel der „räumlichen Nähe" auch Proximity genannt, sowie der „räumlichen Ferne" welche auch als Remote bezeichnet wird. Zahlungen an festen Verkaufsstandorten (Lebensmittel-, Textil- oder auch Möbelgeschäfte), mit beweglichen Transaktionsorten (Taxis oder sogenannte fliegende Händler), Zahlungen an Automaten (Parkticket- oder Zigarettenautomat) oder auch die Zahlung zwischen Privatpersonen (Aufteilen von diversen Rechnungen) fallen in den Nahbereich. Die Zahlung zwischen Privatpersonen, auch Person-to-Person genannt, kann jedoch auch bei räumlicher Distanz erfolgen (Transfer von Geld an Familienmitglieder während derer Abwesenheit). Als Teilbereich innerhalb des E-Commerce, kann man das M-Commerce ansehen. M-Commerce ist prinzipiell von jedem internetfähigen Mobiltelefon Ortunabhängig und rund um die Uhr möglich. Auch telefonische Bestellungen bei Versandhändlern, die direkt am Mobiltelefon bezahlt werden, fallen unter die Remote-Bezahlverfahren. Ebenso gehört auch das klassische Mobile Banking zur Bezahlung über Distanz.[5]

---

[4] Vgl. Silberer et al. (2001), S. 328.
[5] Vgl. Hierl (2017), S. 82 ff..

Die Zahlungen werden unter der Zuhilfenahme verschiedenster technischer Methoden und deren Standards durchgeführt. Wie bereits oben erwähnt, ist ein Mobiltelefon und mindestens eine der folgenden Technologien zwingend erforderlich, um Mobile Payment nutzen zu können. Von entscheidender Tragweite ist der Übermittlungsstandard der zahlungsrelevanten Daten am Zahlungsort. Im folgenden Teil werden die verbreitetsten Techniken NFC, QR-Code, BLE, sowie die Zahlung per SMS näher erläutert.[6]

Bei Mobile Payment mit dem Mobiltelefon handelt es sich nach Winnefeld und Michels um die einzige Lösung, mit dem der Konsument wirklich vollständig kontaktlos bezahlen kann, da die Autorisierung nur am eigenen Smartphone stattfindet. Bei kontaktlosen Kartenzahlungen muss nach einer Gesamtsummer von 150 Euro oder spätestens nach fünf Transaktionen eine PIN am Kartenterminal eingegeben werden.[7]

---

[6] Vgl. Hierl (2017), S. 149.
[7] Vgl. Winnefeld/Michels (2020), S. 146.

3 Technische Voraussetzungen

3.1 Near Field Communication

Göbel beschreibt den Übertragungsstandard NFC als eine Möglichkeit zum kontaktlosen Daten-austausch innerhalb eines kleinen Radius im Zentimeterbereich. Mit dem Einfluss der internatio-nalen Kartenunternehmen und dessen Einführung von „kontaktlosen Girocards" war der Grund-stein für die ebenso funktionierende NFC-Zahlung mit dem Handy gelegt. Mittlerweile zählen neben den Kartenunternehmen auch die Mobilfunkhersteller zu den Unterstützern der NFC-Tech-nologie. Ein großer Vorteil der Bezahlung durch NFC ist die Bequemlichkeit. Durch sogenanntes „Tappen" auf einem unterstützenden Kartenterminal werden die Zahlungsvorgänge bestätigt. Bei geringen Beträgen, bedarf es neben der Displaysperre keiner weiteren Sicherheitsüberprüfung durch die Anwender. Bei höheren Beträgen können jedoch zusätzliche Sicherheitsmechanismen hinzukommen. Anhand von Geräten des Herstellers Apple kann man erkennen, dass es keine Gesamtlösung für das Konzept der NFC-Zahlung gibt. Apple-Geräte haben die Einschränkung, dass lediglich das eigene Programm „Apple Pay" zur NFC Zahlung freigegeben wurde. Wegen eben jener fehlenden Gesamtlösung wird die Weiterentwicklung und Einführung von NFC weiter erschwert.[8]

Die oben genannten geringen Beträge für die keine PIN-Eingabe notwendig ist, wurden laut der Nachrichten-Website www.heise.de Anfang des Jahres 2020 von vielen Kartenunternehmen von einem geringen Betrag von 25 auf 50 Euro angehoben, um das berührungslose Bezahlen als „hy-gienische Bezahlmethode" in der vorherrschenden Corona-Situation zu fördern. Dies betrifft al-lerdings nur die Zahlung mit Kredit- und Girocards. Die Autorisierung der Zahlung per Mobilte-lefon läuft über Anwendungen auf dem Mobiltelefon, somit ist keine Freigabe über das Bezahl-terminal notwendig.[9]

3.2 Bluetooth Low Energy

Bei BLE handelt es sich nach Göbel um einen Übertragungsstandard auf der Basis von Bluetooth. Dieser Standard kommt bisher nur vereinzelt bei Zahlungen vor. Bei diesem Verfahren erfolgt ein ähnliches Vorgehen wie bei dem bereits oben genannten „Tappen" an einem Point of Sale (Geschäfte); der Vorteil bei diesem Verfahren liegt ganz klar in der herstellerübergreifenden Ver-fügbarkeit von Bluetooth. BLE bietet somit eine große Reichweite von kompatiblen Geräten. Ein signifikanter Nachteil ist, dass der Händler eine Bluetooth-Infrastruktur benötigt, welche erst durch finanzielle Mittel aufgebaut werden muss.[10]

---

[8] Vgl. Hierl (2017), S. 149 f.
[9] Vgl. Kannenberg (2020).
[10] Vgl. Hierl (2017), S. 150 f..

3.3 Quick Response Code

Den Quick Response Code - auch QR-Code genannt - hat Göbel als eine grafische Darstellung von Datenelementen beschrieben. Dieser Code kann dann zum Beispiel mit der Kamera eines Mobiltelefons erfasst und verarbeitet werden. Hierdurch kann das Mobiltelefon auch im Zahlungsverkehr eingesetzt werden, da es die benötigten Zahlungsdaten erfasst; eine händische Eingabe durch den Nutzer entfällt in diesem Fall. Die Nutzung im Einzelhandel ist nur einer der potentiell möglichen Anwendungsbereiche. Hinzu kommt der Einsatz am Point of Sale, an Bildschirmen bei Onlinekäufen oder auch auf Papierbelegen wie Rechnungen. Durch die fehlenden Beschränkungen von Herstellerseiten hat der QR-Code einen Vorteil gegenüber NFC. Als Nachteil gegenüber NFC muss man die beschränkte Leistung, aber auch die Bedienerfreundlichkeit sehen.[11]

3.4 Short Message Service

„Die Bezahlung mittels SMS oder Telefonkanal, d. h. über die Kanäle und Dienste der Mobilfunkgesellschaften, ist schon länger bekannt und soll nicht unerwähnt bleiben. Die Abrechnung erfolgt dabei in der Regel über die Telefonrechnung. Auch dies ist komfortabel möglich."[12]

Das Bezahlen per SMS, auch Premium-SMS genannt, wurde meist zur Abrechnung von Klingeltönen oder Hintergrundbilder genutzt. Ein Nachteil der Technik liegt nach Lerner allerdings in der Anfälligkeit durch externe Angriffe. Da das GSM-Netz über kein Sicherheitsprotokoll verfügt, liegt das Problem hier bei der Authentifizierung, Vertraulichkeit und der Ende-zu-Ende-Verschlüsselung.[13]

---

[11] Vgl. Hierl (2017), S. 150.
[12] Linnhoff-Popien et al. (2015), S. 413.
[13] Vgl. Lerner (2013), S. 44 f..

4   Sicherheit

4.1   Allgemeine Sicherheitsaspekte

Nach einer zum „Safer Internet Day 2019" veröffentlichten Studie des Bitkom e.V. stellen Sicherheitsbedenken mit 60% das größte Hemmnis bei Nichtnutzern von Mobile Payment dar. [14]

Um mehr Sicherheit gewährleisten zu können, wurde ab dem 14. September 2019 eine neue gesetzliche Pflicht zur Kundenauthentifizierung im Zahlungsverkehr eingeführt. Hieraus ergibt sich, dass Kunden grundsätzlich jede Online- sowie Kartenzahlung durch eine Zwei-Faktor-Authentifizierung freigeben. Wie die Bezeichnung des Verfahrens schon impliziert, müssen zwei von mindestens drei Faktoren erfüllt werden. Nach Ernoult handelt es sich bei den drei Faktoren um die Folgenden: Der erste Faktor ist das „Sein", bei dem es sich um biometrische Merkmale handelt, wie zum Beispiel ein Fingerabdruckscanner. Der Zweite Faktor ist das „Wissen", welches eine Entsperrung per PIN oder Passwort vorsieht. Der dritte und somit letzte Faktor ist der „Besitz" selbst. Da das Mobiltelefon personenbezogen ist, kann man das Mitführen des eigenen Mobiltelefon als ein eigenes Sicherheitskriterium zählen. [15]

Zusätzlich zu den von Eroult aufgezählten Faktoren der ersten Ebene, zählen nach Jacobsen heutzutage Iris- oder Gesichtsscanner, sowie dynamische verhaltenstypische Merkmale, wie die Stimme oder Bewegungen. Wichtig ist hierbei, dass das Merkmal eine hohes Grad an Einzigartigkeit aufweisen muss. [16]

Zur Sicherheit gegenüber Bargeld sollte, so Hierl, erwähnt werden, dass man mit Bargeld, beziehungsweise dem Nutzen digitaler Währung unter anderem eine gewisse Diebstahlsicherung erhält, sowie auch der Gefahr von Falschgeld minimieren kann. Aus der Sicht staatlicher Institutionen leistet Bargeld durch die nicht gegebene Rückverfolgbarkeit ebenfalls einen Vorschub von illegalen Aktivitäten wie Steuerhinterziehung, Korruption oder sogar Terrorismus. [17]

Als Ergänzung zu dieser Aufzählung kann man nach Leichsenring weitere Punkte hinzufügen. Neben oben genannten Punkten, gäbe es ohne Bargeld auch weniger Raubüberfälle, Diebstähle, Geldwäsche und Schwarzarbeit. [18]

---

[14] o.V., Bitkom.org (2019), S. 5.
[15] Vgl. Ernoult (2019).
[16] Vgl. Jacobsen (2016), S. 62.
[17] Vgl. Hierl (2017), S. 67.
[18] Vgl. Leichsenring (2017).

4.2   Sicherheiten des Zahlungssenders

Bei der Akzeptanz von mobilen Zahlungsverfahren spielt, wie von Lammer erwähnt, die wahrgenommene Sicherheit sowie der Schutz der persönlichen Daten des Kunden eine bedeutende Rolle. Durch die Mobile Payment Transaktionen herrscht bei den Benutzern oft Unsicherheit bezüglich der Vertraulichkeit, als auch der Sicherheit ihrer persönlichen Daten. Um das nötige Vertrauen zu schaffen, wird Wert auf die Zusammenarbeit mit „bekannten" Marken gelegt.[19]

Wegen Sicherheitsbedenken scheuen sich Nutzer immer noch, ihre Kredit- bzw. Kontodaten online anzugeben. Nach Henkel sind diese Sicherheitsbedenken allerdings teilweise irrational, da eine höhere Anzahl von Sicherheitsrisiken auf der Seite des Händlers liegt. Die Zahlung mit einem Mobiltelefon bietet nicht nur psychisch, sondern auch in der Realität mehr Sicherheit. Schon die Grundfunktionen wie Telefonieren werden durch Sicherheitsmechanismen geschützt. Essentiell ist allerdings die Aussage, dass bei Diebstahl des Mobiltelefons das Herausfinden der PIN schwieriger sein dürfte als die Fälschung einer Unterschrift.[20]

Weitere wichtige Punkte wie von Hierl erwähnt, sind zudem auch der Schutz vor Falschgeld und Diebstahl. Durch mobiles Bezahlen ist es schlicht unmöglich, in Besitz von Falschgeld zu gelangen. Durch die Nutzung von digitaler Währung kann man sich darüber hinaus vor größeren finanziellen Schäden bei Wohnungseinbrüchen schützen, da man nicht viel Bargeld zu Hause benötigt. Da Einbrecher in der Regel auf schnellen Profit aus sind, ist es von Vorteil wenn man kein Bargeld im Haus hat.[21]

---

[19] Vgl. Lammer (2006), S. 84 f..
[20] Vgl. Silberer et al. (2001), S. 329.
[21] Vgl. Hierl (2017), S. 69.

4.3   Sicherheiten des Zahlungsempfängers

Auch Händler profitieren von Mobile Payment. Nach Lammer kann aus der schnelleren Zahlungsautorisierung im Vergleich zu Kreditkarten mit Unterschriftenautorisierung ein niedrigeres Niveau von Zahlungsbetrug resultieren. In vielen Fällen sprechen die Betreiber der M-Payment-dienste deshalb sogar eine Zahlungsgarantie aus.[22]

Abgesehen von Kosteneinsparungen durch den Verzicht auf Bargeld im Handel gehen hiermit auch weitere Sicherheiten einher. Nach Hierl muss der Handel nicht in Sicherheitstechnik investieren, welche diesen vor Diebstahl oder Falschgeld schützt. Des Weiteren wären Geldtransporte für den Handel ebenfalls nicht mehr notwendig.[23]

---

[22] Vgl. Lammer (2006), S.75.
[23] Vgl. Hierl (2017), S.69.

5   Akzeptanz von Mobile Payment

5.1   Wandel in Deutschland

Nach einer von www.entersekt.com beauftragten Umfrage, unter 1000 Internetnutzern, aus dem Jahr 2019 kann man festhalten, dass deutsche Staatsangehörige das Self-Service-Banking und E-Commerce sehr attraktiv finden. Allerdings fühlen sich die deutschen Konsumenten wohler damit, sowohl Banking- als auch Shopping-Transaktionen online am Heim-Computer durchzuführen, statt das Mobiltelefon zu nutzen. Lediglich 9 von 1000 befragten Personen gaben an, kein Mobiltelefon zu besitzen. Da sich Banking-Apps (Online Banking), beziehungsweise das Zahlen per Mobiltelefon schon keiner sonderlich großen Beliebtheit erfreuen, ist es kaum überraschend, dass Apps für Mobile Payment noch weniger genutzt werden. Eine weltweite Hemmnis der Konsumenten bei der Verbreitung von Mobile Payment am Point of Sale, ist die nicht durchgehend gewährleistete Unterstützung bei Händlern sowie verschiedenste Probleme bei der Interoperationalität. Jene Punkte hemmten die Konsumenten sich neue Zahlungsgewohnheiten anzueignen. Zwar geht die Einführung von Mobile Payment Verfahren in Deutschland deutlich langsamer von statten, aber in Bewegung sind diese seit Jahren. Erst im April 2017 startete die Deutsche Bank als das erste deutsche Finanzinstitut eine Mobile-Payment App. Weitere Fortschritte in der Akzeptanz der Konsumenten gab es erst mit der Einführung von Google- und Apple-Pay im Zweiten Halbjahr 2018, sowie der darauf nach und nach folgenden eigenen Services verschiedener Sparkassen sowie Genossenschaftsbanken.[24]

In diesem Jahr hat das Thema zunehmend an Bedeutung gewonnen, ein Faktor hierfür ist das Corona-Virus. Laut einer Umfrage der ING Bank in 13 europäischen Ländern hat die Zahlung mit Bargeld zugunsten der Bargeldlosen Zahlungsweisen abgenommen. Als Prävention vor einer möglichen Ansteckung mit dem Virus haben Konsumenten angefangen, den Bargeldgebrauch zu reduzieren und verstärkt auf die Zahlung mit Karte oder Mobiltelefon zu setzen. Anhand der Umfrage ergibt sich, dass gut die Hälfte der Befragten Personen weniger zum Bargeld greift als in den Jahren davor.[25]

---

[24] Vgl. o.V., Entersekt.com (2019), S. 3 f..
[25] Vgl. o.V., ING Bank (2020), S. 1.

5.2 Vergleich zu Schweden

Die Affinität zum Bargeld wird den Deutschen nicht nur nachgesagt, sondern ist ebenfalls durch Zahlen einer Umfrage von www.entersekt belegbar. Die deutschen Nutzungsraten von mobilen Bezahlmethoden liegen im Vergleich hinter den der meisten europäischen Länder und weltweiten Industrienationen.[26]

Die Schweden beispielsweise nutzen Mobile Payment bereits seit Jahren erfolgreich. Nach Poppe akzeptieren dort selbst Obdachlose kein Münzgeld mehr, denn die Schweden zahlen fast ausschließlich mit dem Mobiltelefon und der App „Swish". Ihr Bargeld hinterlegen die Schweden hauptsächlich digital bei den Banken. Den technischen Vorsprung von Schweden zeigt schon der Fakt, dass Kinder bereits zur Einschulung ein iPad vom Staat geschenkt bekommen. Die Skandinavier haben ein unerschütterliches Vertrauen in den technischen Fortschritt und haben daher auch keine Hemmnisse neuen Techniken ohne Weiteres ihr Geld anzuvertrauen; daher ist der Gebrauch von Bargeld bereits seit Jahren rückläufig und wird nach Prognosen auch weiterhin sinken. Durch die App „Swish", welche durch die Beteiligung von sechs Großbanken und dänischen Instituten entwickelt wurde, gelang der Durchbruch. Die Überweisungen finden in Sekundenschnelle über die Mobiltelefonnummer des Empfängers statt. Durch die große Akzeptanz erfolgten 2014 bereits vier von fünf Zahlungen elektronisch. Neben Taxis und Restaurants kann man mit dieser Methode sogar die Kirchenkollekte oder auf dem Flohmarkt bezahlen. Mit der Akzeptanz der Konsumenten einerseits, als auch der Händler andererseits konnten sich alle Verweigerer der App nur unter erschwerten Bedingungen alltägliche Geschäfte abwickeln. Mit der Zeit wurde immer weniger Bargeld akzeptiert, sodass es nur noch bargeldlos möglich war, eine Busfahrkarte im Bus zu erwerben. Mittlerweile ist es so, dass fast ausschließlich ältere Menschen in Infrastruktur schwachen Gegenden „Swish" nicht nutzen. Durch die Demontage von Bankautomaten wollen die Banken aber auch die älteren Generationen zu der Annahme der neuen Zahlmethoden führen. Da viele Bankfilialen die Annahme von Bargeld verweigern, fällt der Einzahler bei der Nutzung von Bargeld sogar eher unangenehm auf.[27]

Wer regelmäßig mit Bargeld zahlt, gilt als auffällig und als Konsequenz wird die Polizei eingeschaltet, denn in Skandinavien gilt nach Krogerus die Ansicht, „Wenn Du mit Bargeld zahlst, hast Du etwas zu verbergen."[28]

---

[26] Vgl. o.V., Entersekt.com (2019), S. 4.
[27] Vgl. Poppe (2016).
[28] Vgl. Krogerus (2015).

6   Fazit

Mit dieser Hausarbeit soll die Akzeptanz von Mobile Payment in Deutschland dargelegt werden.

Durch die anhaltende Corona-Pandemie erhielt Mobile Payment einen deutlichen Schub in Deutschland - aber auch in anderen Nationen. Die Kreditinstitute haben Anfang des Jahres bereits mit dem Erhöhen von Limits und der generellen technischen Unterstützung einen großen Schritt gemacht. Jetzt liegt es in erster Linie an den Konsumenten, sich an die Bezahlmethode heranzuwagen und sich mit den Vorteilen auseinander zu setzen. Gerade NFC ist mittlerweile Standard in den meisten Mobiltelefonen, so dass diese in der Lage sind, Mobile Payment zu nutzen. Auch die Sicherheitsaspekte, die eine große Hemmnis für die Konsumenten sind, sind nicht so groß wie Skeptiker des Mobile Payment Konzepts erwarten, sondern sogar noch weit geringer als beim kontaktlosen Bezahlen mit Kredit- oder Girocards. Da Mobile Payment in vielen Ländern bereits zur Normalität gehört, kann man davon ausgehen, dass sich Deutschland weiter mit dem Thema befassen, als auch große Schritte hin zu einer breiteren Verfügbarkeit gehen wird. Ein Problem stelle allerdings die ältere Generation dar, da dort die Akzeptanz durch mangelnde technische Kenntnisse wohl nach wie vor eher gering bleiben wird.

Anhand der steigenden Nutzerzahlen von kontaktloser Bezahlung, kann man somit ganz klar erkennen, dass auch in Deutschland die Akzeptanz von Mobile Payment vorhanden ist und somit eine klare Alternative für die Bargeldzahlung darstellt. Auch wenn die Akzeptanz erst durch eine Pandemie hervorgerufen werden musste.

7 Literaturverzeichnis

Ernoult, S. (2019): Neue Regeln bei Onlinebanking und Bezahlen im Netz: Was ändert sich?, in: https://bankenverband.de/blog/neue-regeln-bei-onlinebanking/.

Hierl, L. (Hrsg.) (2017): Mobile Payment. Grundlagen - Strategien - Praxis, Wiesbaden.

Jacobsen, O. (2016): Mehr Sicherheit im Mobile Banking, BankInformation, 01/2016, S. 60–65.

Kannenberg, A. (2020): Girocard kontaktlos: Limit für Zahlungen ohne PIN auf 50 Euro erhöht, in: https://www.heise.de/newsticker/meldung/Girocard-kontaktlos-Limit-fuer-Zahlungen-ohne-PIN-auf-50-Euro-erhoeht-4693250.html, [Stand 23.11.20].

Krogerus, M. (2015): Sweden: "We don't accept cash", in: https://www.credit-suisse.com/about-us-news/en/articles/news-and-expertise/sweden-we-dont-accept-cash-201503.html, [Stand 24.11.20].

Lammer, T. (Hrsg.) (2006): Handbuch E-Money, E-Payment & M-Payment. Mit 18 Tabellen, Heidelberg.

Leichsenring, H. (2017): Bleibt Deutschland ein Bargeldland?, in: https://www-wiso-net-de.ezproxy.fhb.fh-swf.de/document/DBBL__29695/hitlist/0?all=, [Stand 04.12.20].

Lerner, T. (2013): Mobile Payment: Technologien, Strategien, Trends und Fallstudien, Wiesbaden.

Linnhoff-Popien, C./Zaddach, M./Grahl, A. (Hrsg.) (2015): Marktplätze im Umbruch. Digitale Strategien für Services im Mobilen Internet, Berlin, Heidelberg.

o.V. Bitkom.org (2019): Safer Internet Day 2019, in: https://www.bitkom.org/sites/default/files/2019-01/Bitkom-Pr%C3%A4sentation%20PK%20SID%202019.pdf, [Stand 22.11.20].

o.V. Entersekt.com (2019): Mobile Banking und Mobile Payment in Deutschland Konsumentenbefragung 2019, in: https://www.entersekt.com/resources/white-papers/mobile-banking-und-mobile-payment-in-deutschland-konsumentenbefragung-2019, [Stand 23.11.20].

o.V. ING Bank (2020): Die Corona-Revolution: „König Cash" wird langsam gestürzt, in: https://www.ing.de/binaries/content/assets/pdf/ueber-uns/presse/publikationen/2020/ing-economic-analysis---iis-die-corona-revolution.pdf/, [Stand 22.11.20].

Poppe, M. (2016): Wenn Sie in diesem Land mit Bargeld zahlen, interessiert sich die Polizei für Sie, in: https://www.focus.de/finanzen/banken/schweden-verstecken-ihr-geld-in-der-mikrowelle-wenn-sie-in-diesem-land-mit-bargeld-zahlen-interessiert-sich-die-polizei-fuer-sie_id_5059079.html, [Stand 24.11.20].

Silberer, G./Wohlfahrt, J./Wilhelm, T. (Hrsg.) (2001): Mobile Commerce. Grundlangen, Geschäftsmodelle, Erfolgsfaktoren, Wiesbaden.

Winnefeld, C./Michels, L. (2020): Covid-19 fördert die Akzeptanz des mobilen Bezahlens, cards Karten cartes, Heft 4/2020, S. 144.